COLORING BOOK

Names of Allah

99

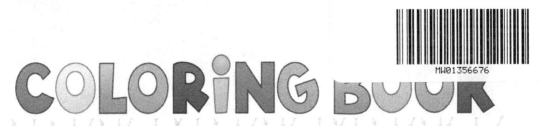

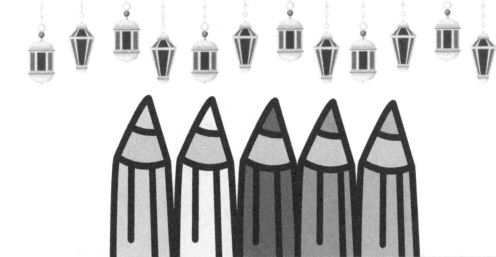

NAME :

AGE :

إلى اللِّقاء

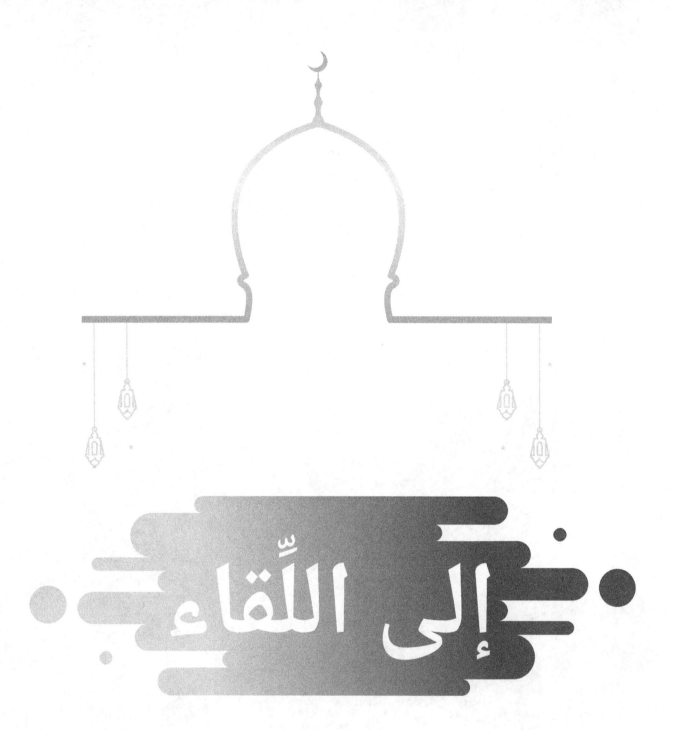

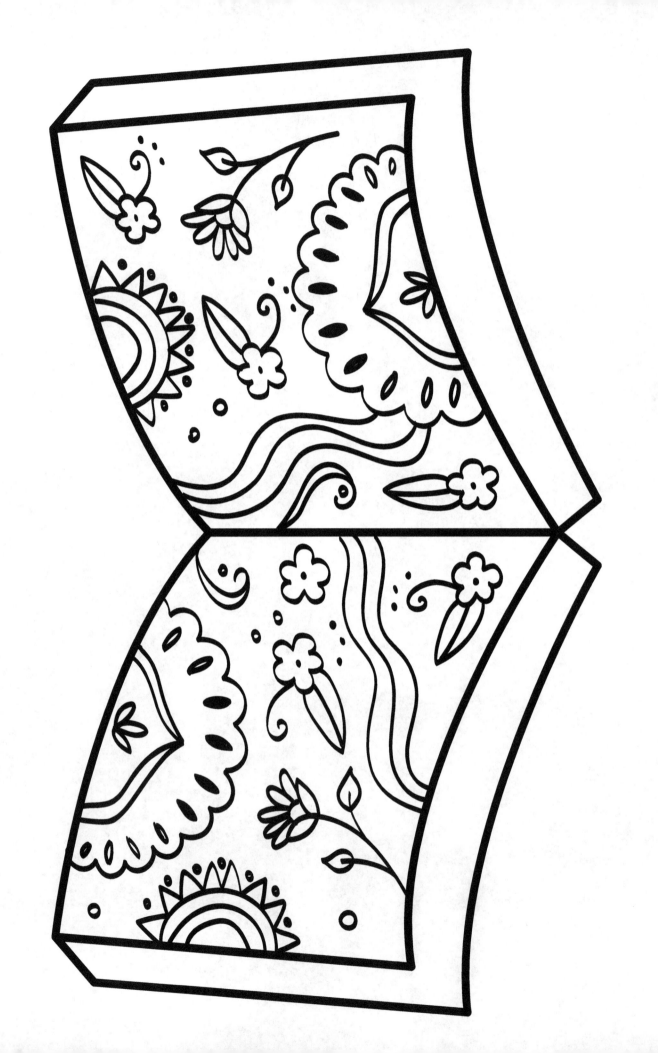

مُحَمَّدٌ
رَسُولُ
الله

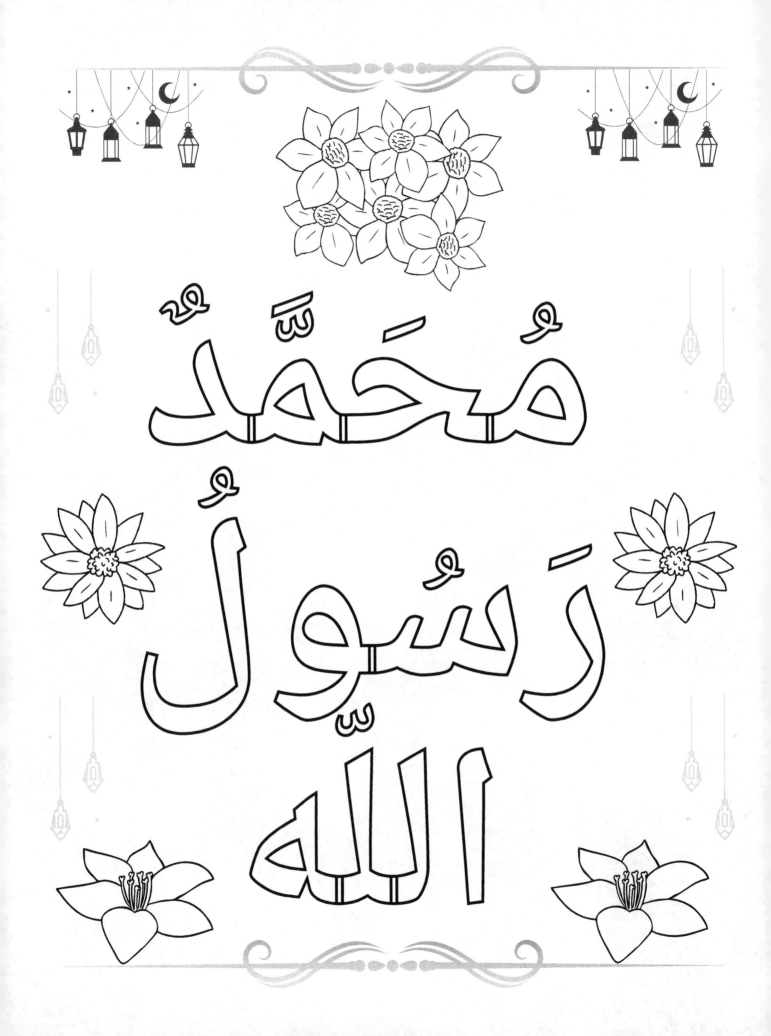

لَا إِلَهَ

إِلَّا اللَّه

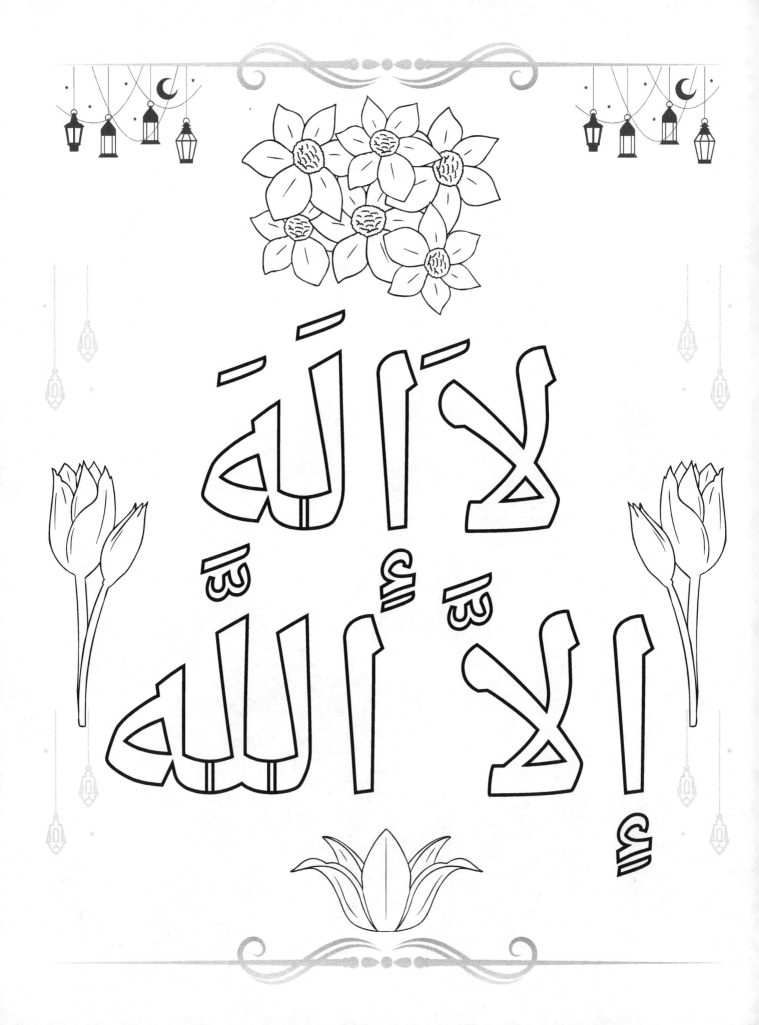

وَعَلَى

آلِهِ وَصَحْبِهِ

أَجْمَعِينَ

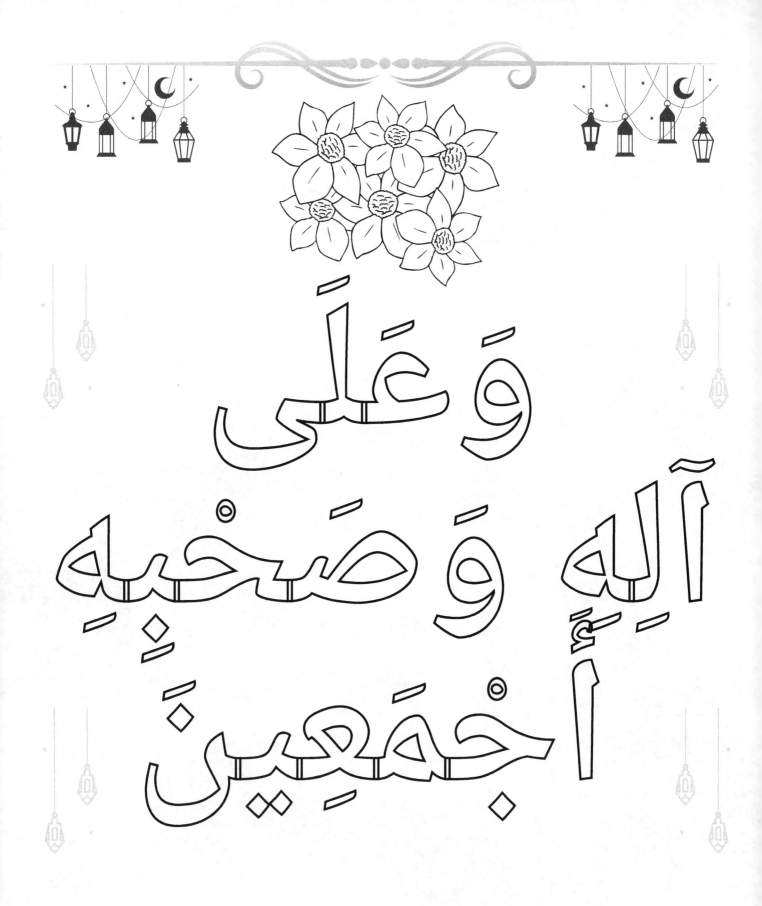

عَلَى
سَيِّدِنَا
مُحَمَّدٍ

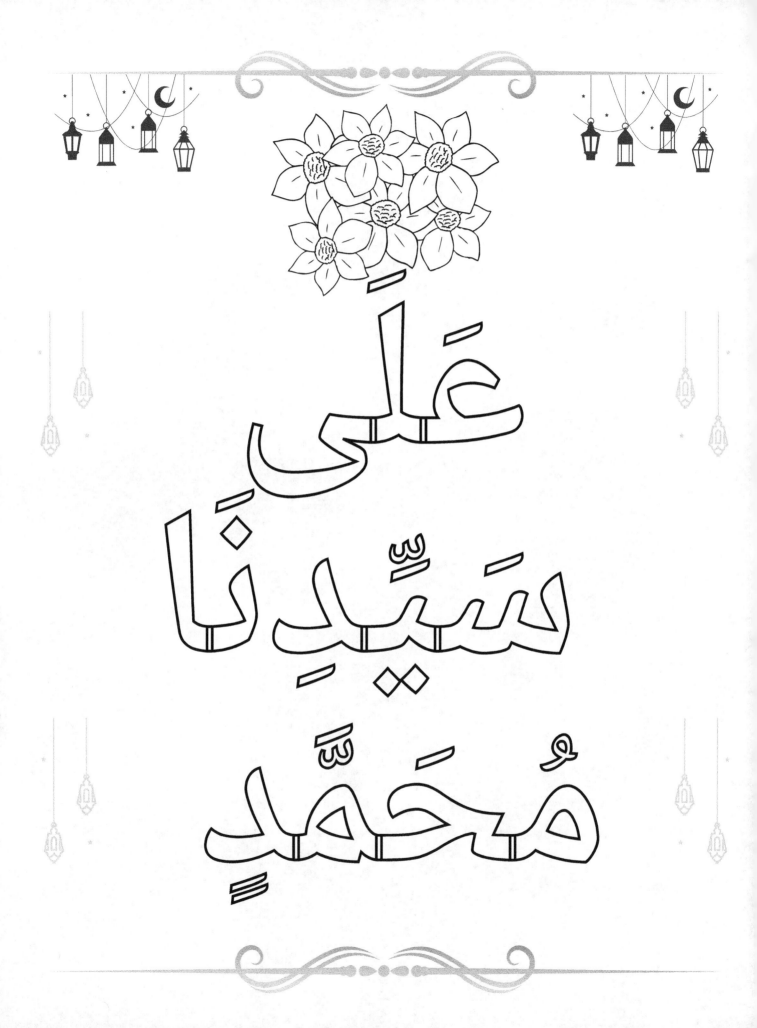

اللَّهُمَّ صَلِّ
وَسَلِّمْ
وَبَارِكْ

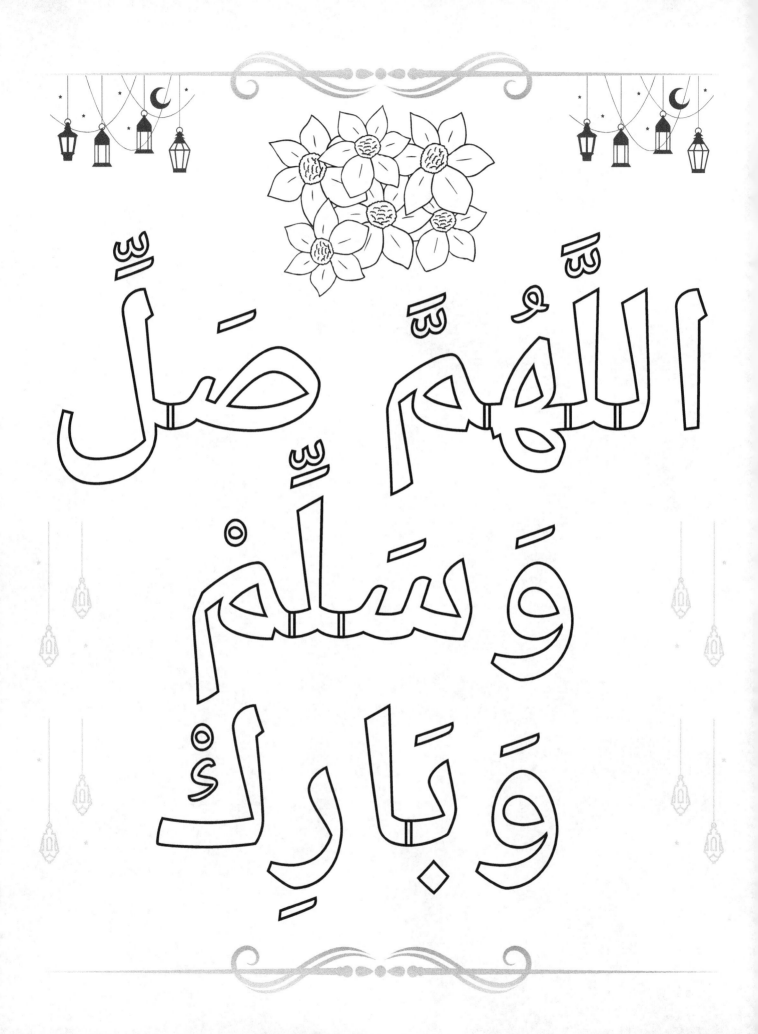

ذُو
الجَلاَلِ
وَالإِكْرَامِ

الصَّبُورُ

مَالِكَ
الْمُلْكِ

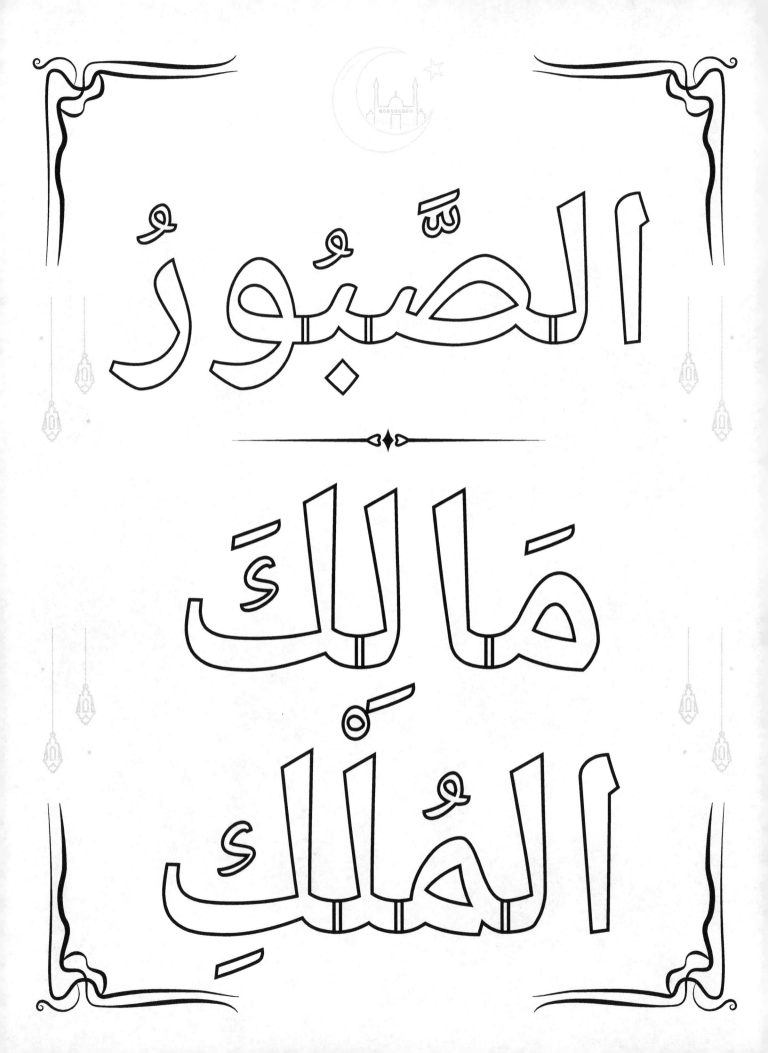

البَاقِي

الوَارِثُ

الرَّشِيدُ

النُّورُ

الهَادِي

البَدِيعُ

المَانِعُ

الضَّارُّ

النَّافِعُ

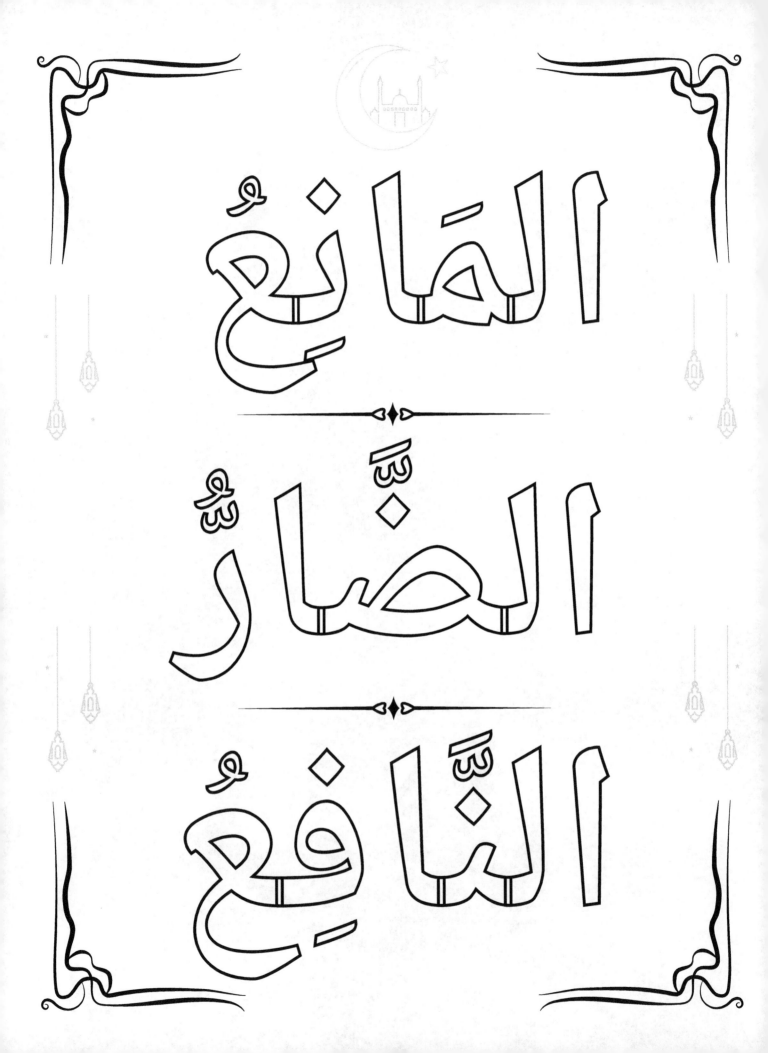

الجَامِعُ

الغَنِيُّ

المُغْنِي

العَفُوّ

الرَّؤُوف

المُقْسِطُ

الْبَرُّ

التَّوَّابُ

الْمُنْتَقِمُ

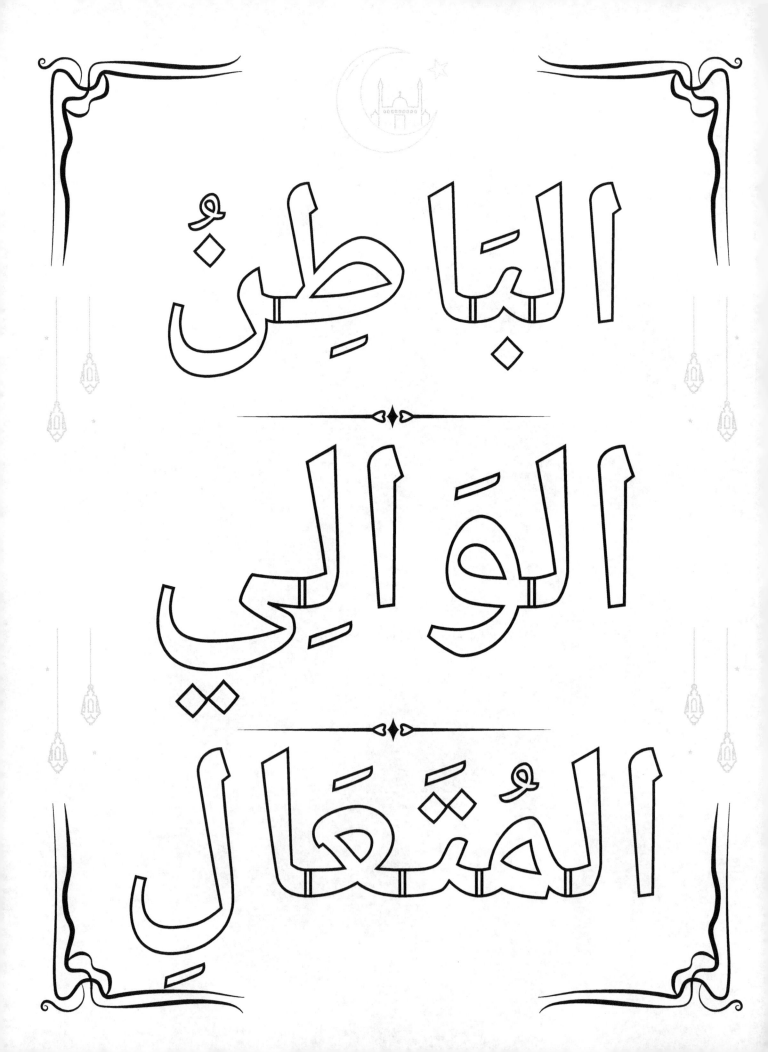

البَاطِنُ

الوَالِي

المُتَعَالِ

الأَوَّلُ

الآخِرُ

الظَّاهِرُ

المُقْتَدِرُ

المُقَدِّمُ

المُؤَخِّرُ

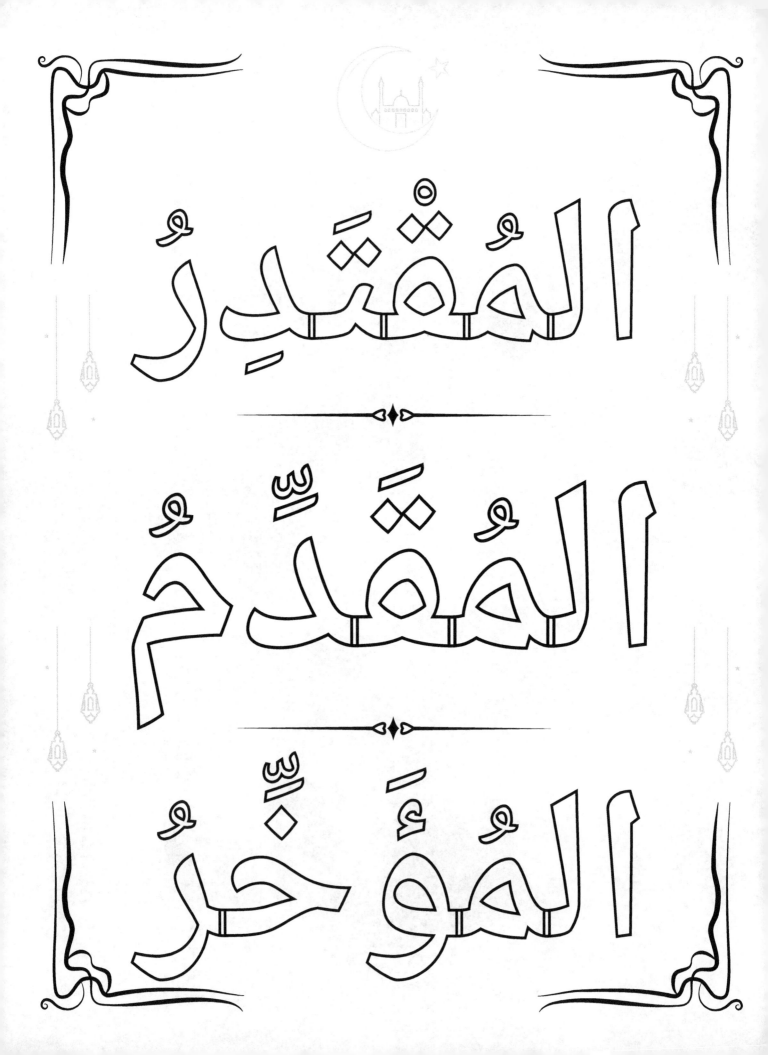

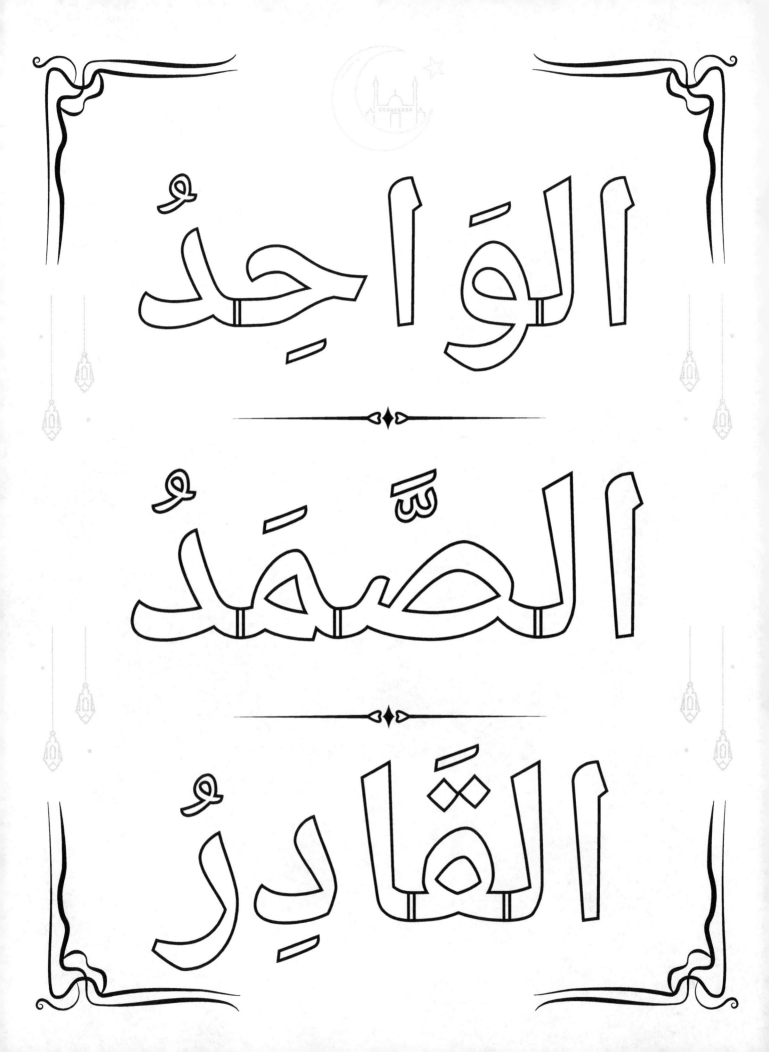

الوَاحِدُ

الصَّمَدُ

القَادِرُ

الْقَيُّومُ

الْوَاجِدُ

الْمَاجِدُ

الْمُحْيِي

الْمُمِيتُ

الْحَيُّ

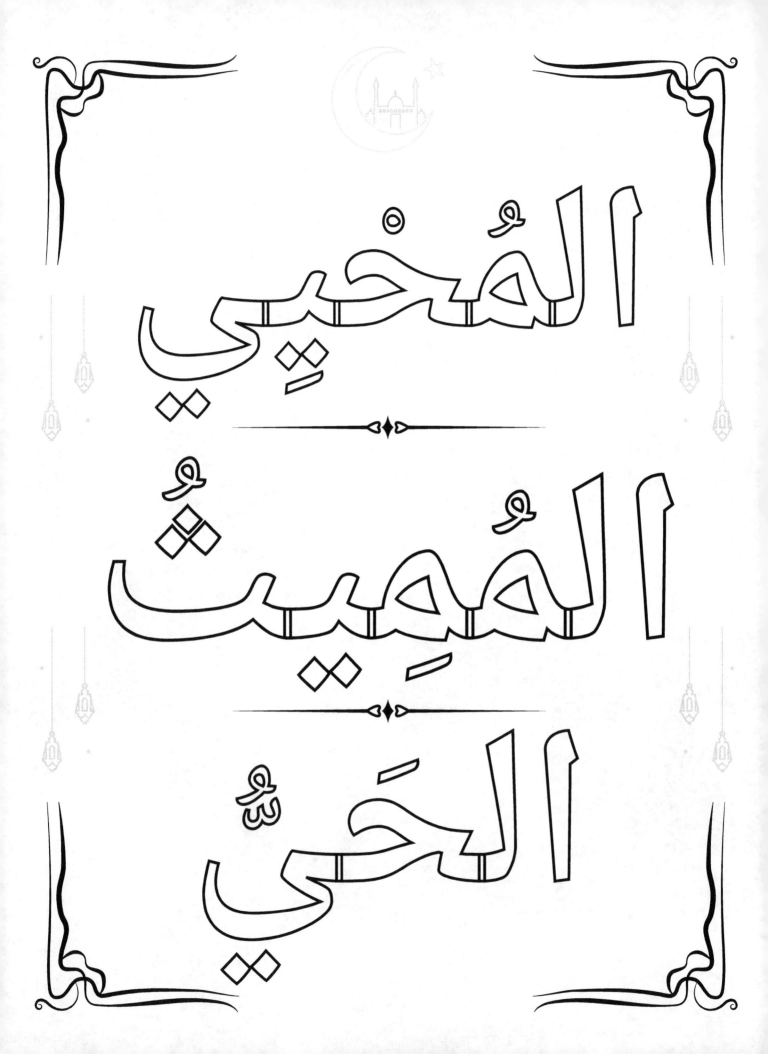

المُحْصِي

المُبْدِئُ

المُعِيدُ

الْمَتِينُ

الْوَلِيُّ

الْحَمِيدُ

الحَقُّ

الوَكِيلُ

القَوِيُّ

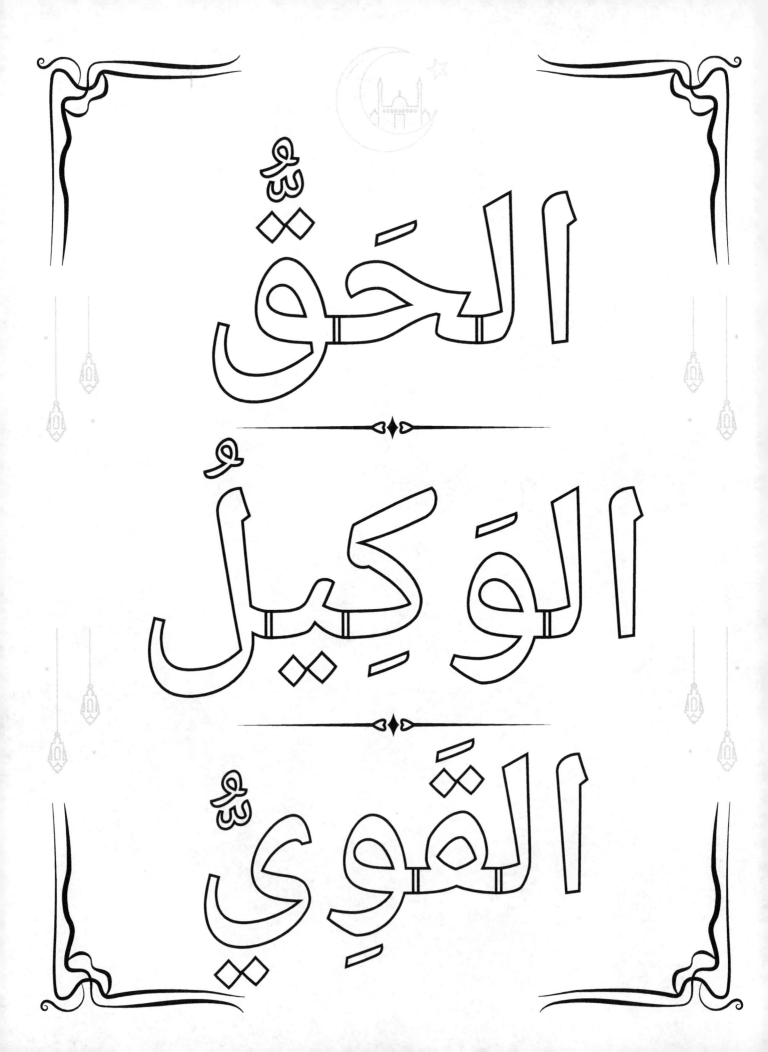

الْمَجِيدُ

الْبَاعِثُ

الشَّهِيدُ

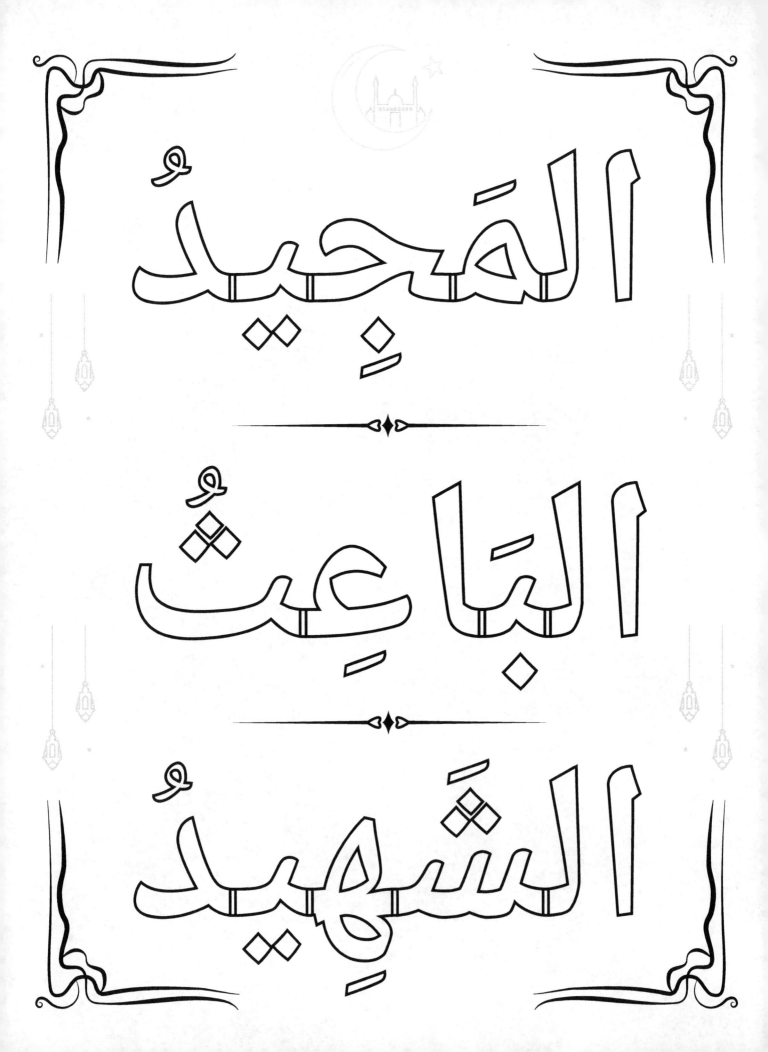

الوَاسِعُ

الحَكِيمُ

الوَدُودُ

الكَرِيمُ

الرَّقِيبُ

المُجِيبُ

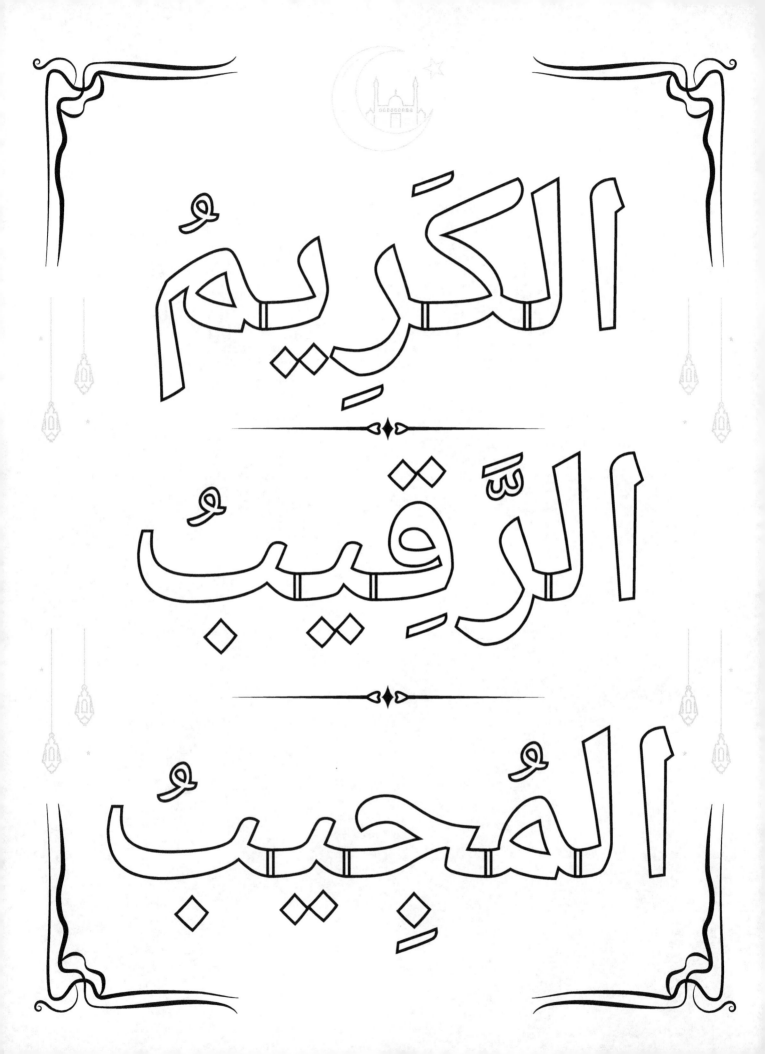

المُقِيتُ

الحَسِيبُ

الجَلِيلُ

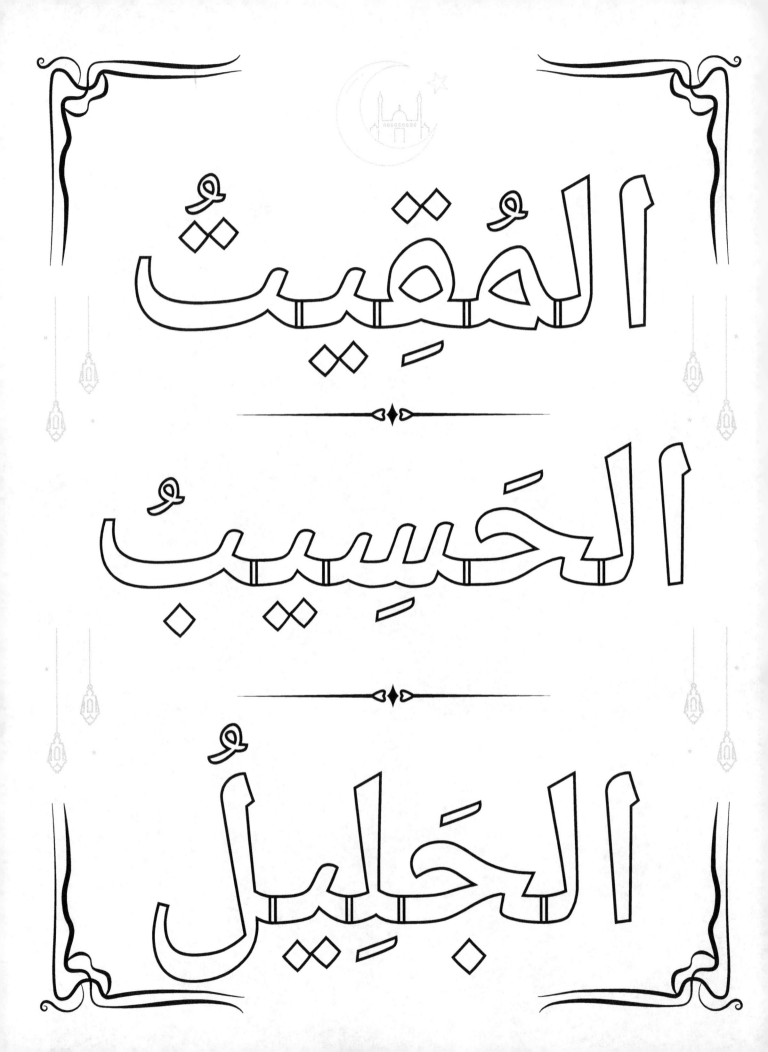

العَلِيُّ

الكَبِيرُ

الحَفِيظُ

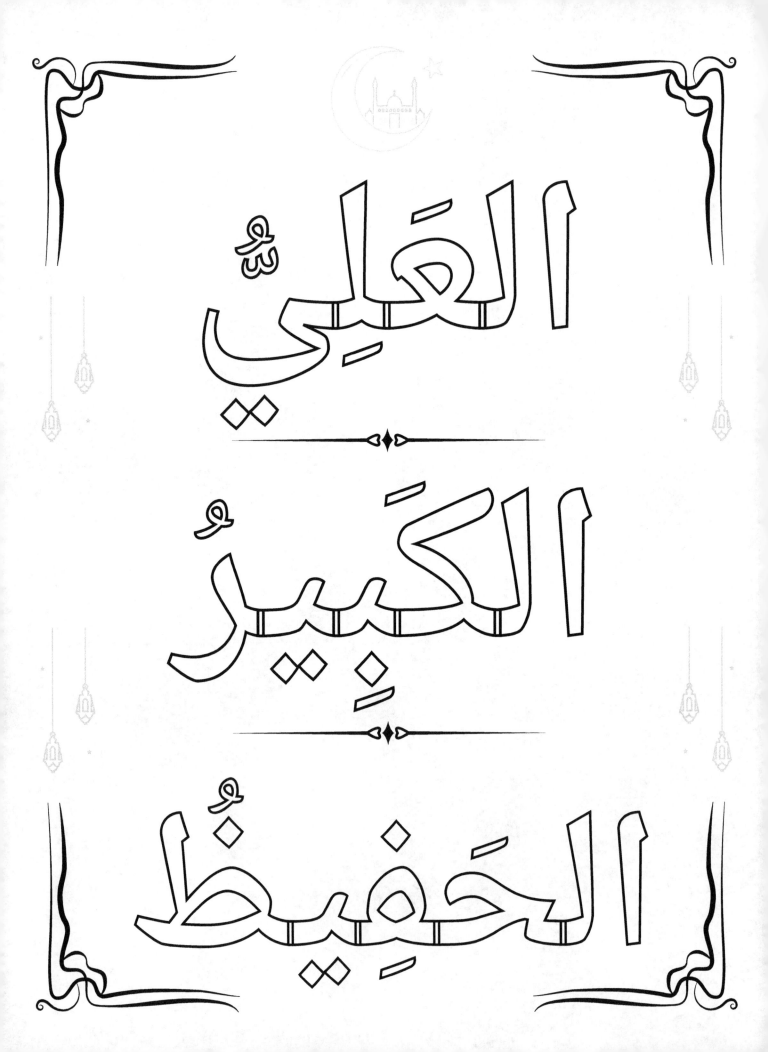

الْعَظِيمُ

الْغَفُورُ

الشَّكُورُ

اللَّطِيفُ

الخَبِيرُ

الحَلِيمُ

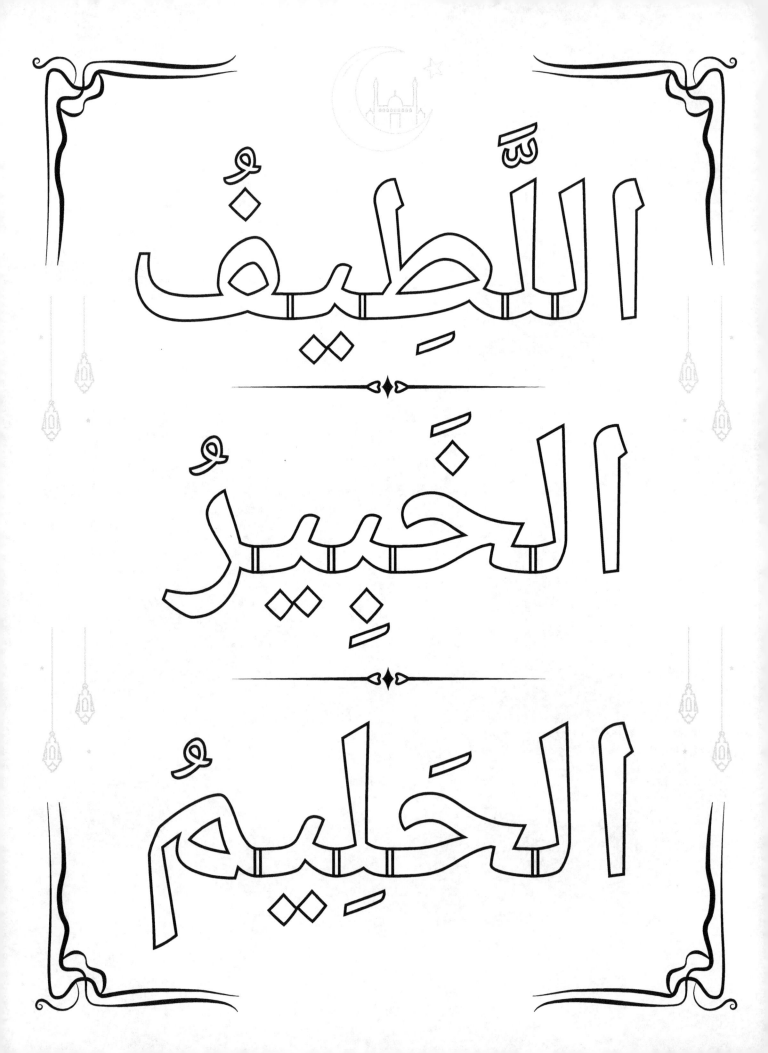

البَصِيرُ

الحَكَمُ

العَدْلُ

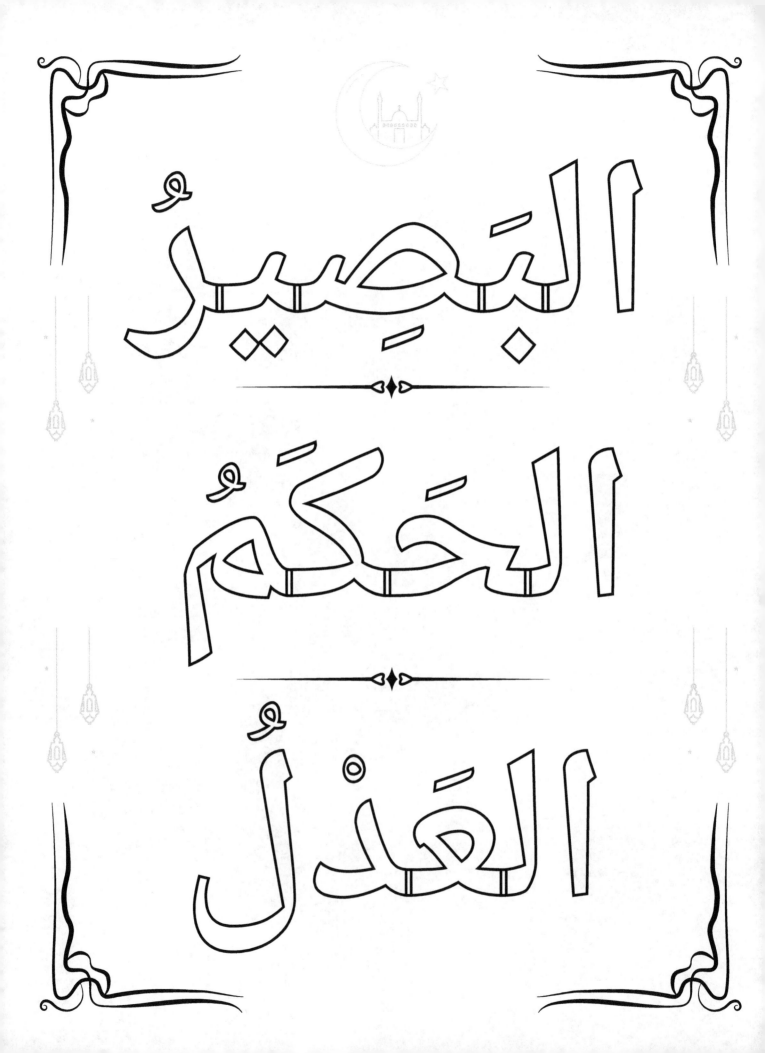

الْمُعِزُّ

الْمُذِلُّ

السَّمِيعُ

البَاسِطُ

الخَافِضُ

الرَّافِعُ

الفَتَّاحُ

العَلِيمُ

القَابِضُ

الْقَهَّارُ

الْوَهَّابُ

الرَّزَّاقُ

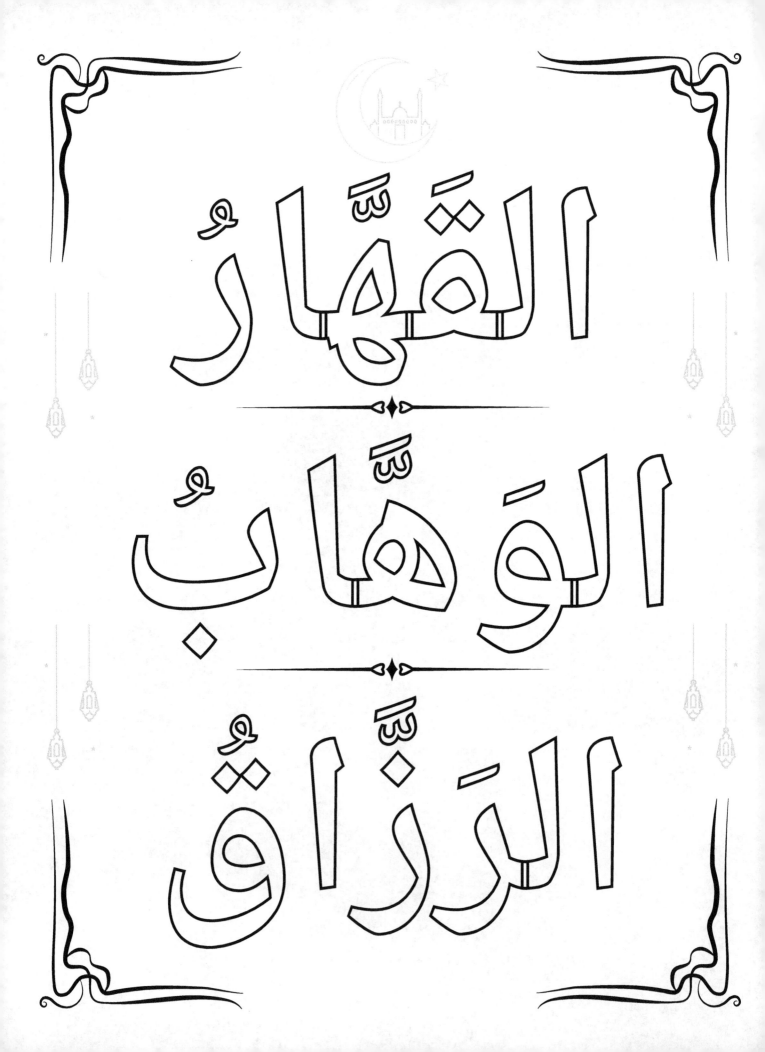

البَارِئُ

المُصَوِّرُ

الغَفَّارُ

الجَبَّارُ

المُتَكَبِّرُ

الخَالِقُ

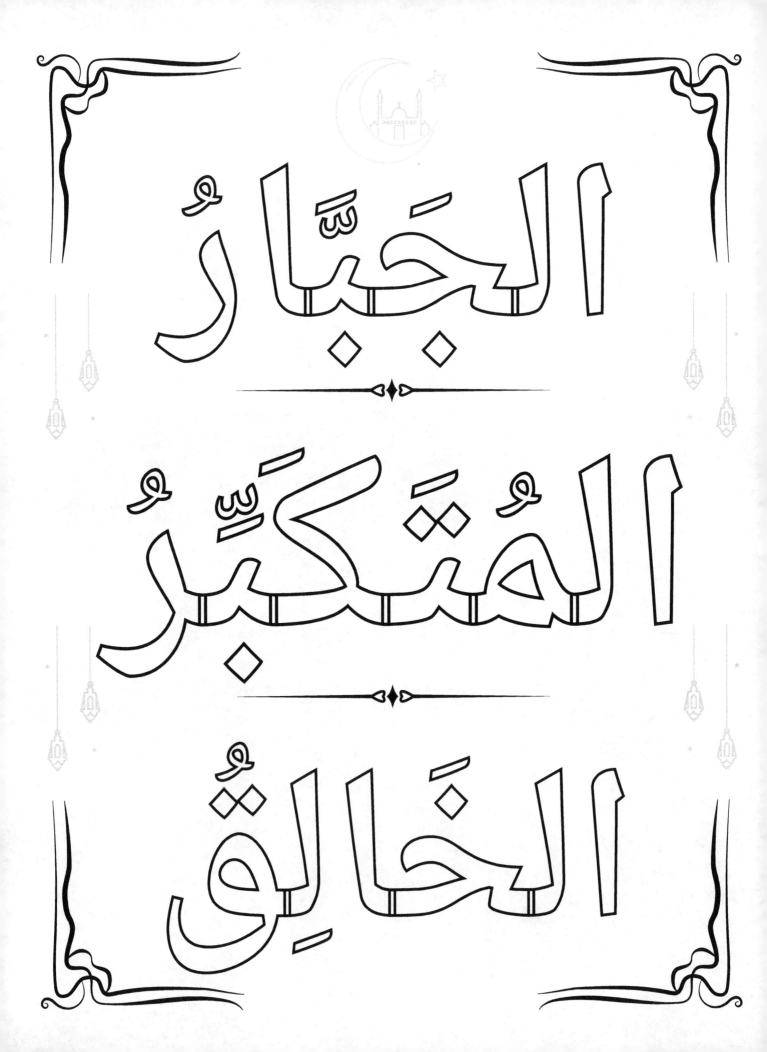

الْمُؤْمِنُ

الْمُهَيْمِنُ

الْعَزِيزُ

المَلِكُ

القُدُّوسُ

السَّلَامُ

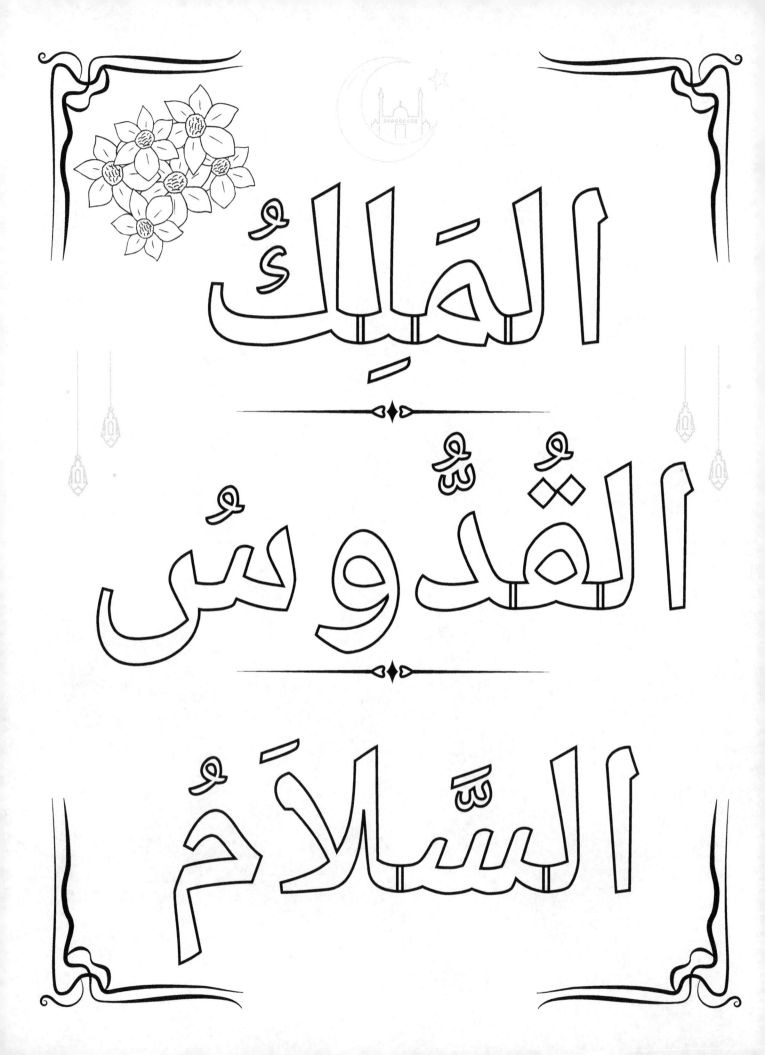

الرَّحْمَانُ

الرَّحِيمُ

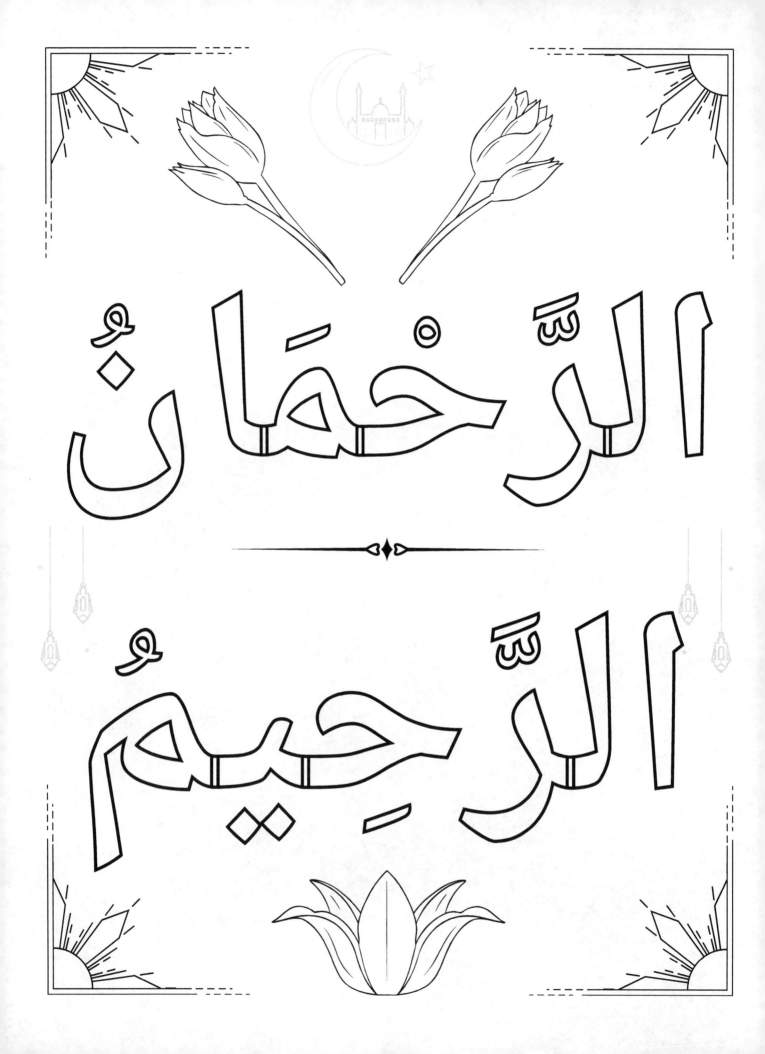

اللَّهُ

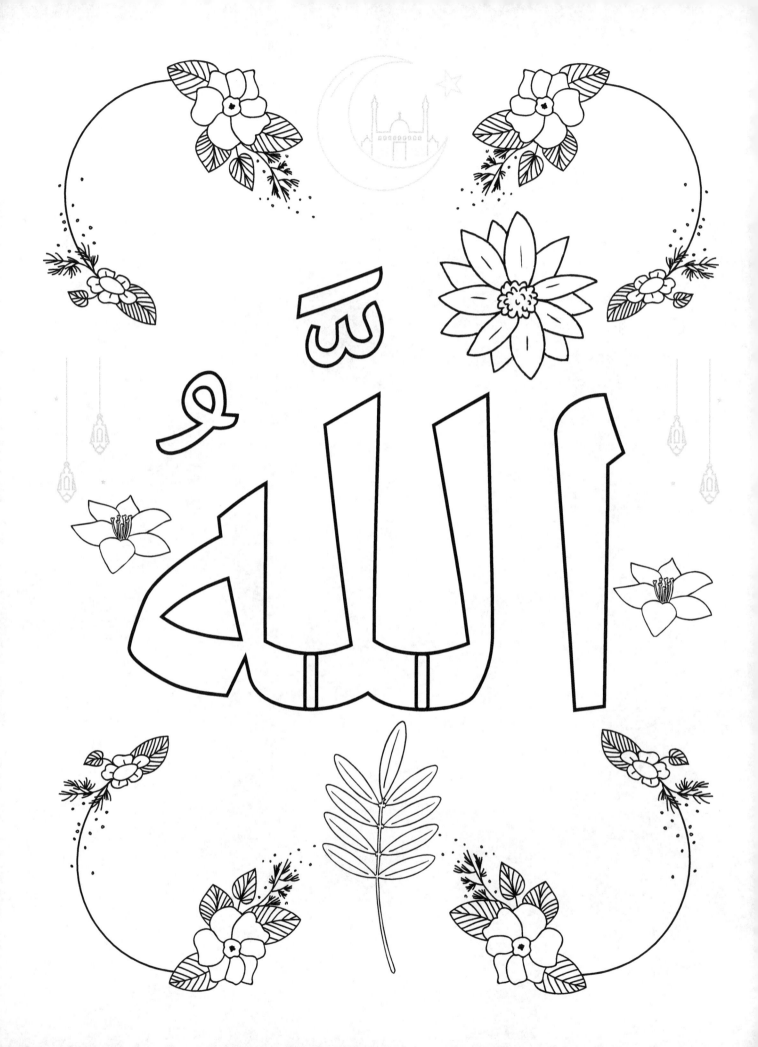

الإسم :

....

السن :

....

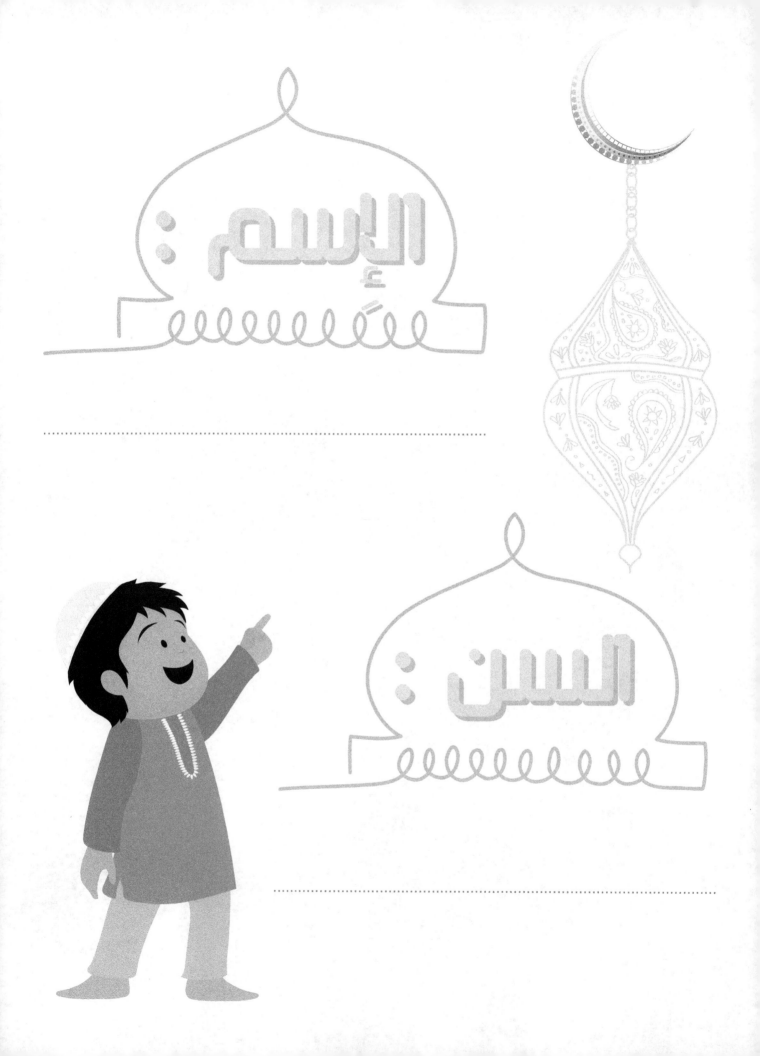

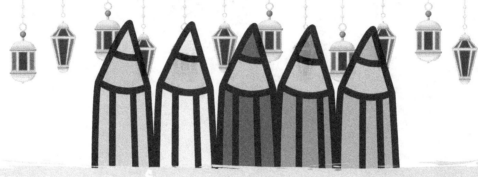

COLORING BOOK
كتاب تلوين للأطفال
أسماء اللَّه الحسنى
99

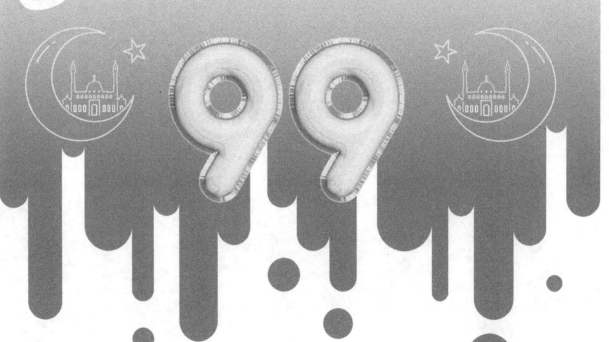

CPSIA information can be obtained
at www.ICGtesting.com
Printed in the USA
LVHW060950140323
741578LV00016B/104